INHALTSVERZEICHNIS

NIKOLAIVIERTEL BERLIN
AUTOR: NIKOLAUS BERNAU
FOTOS: FLORIAN BOLK

Wer heute die seit dem 13. Jahrhundert gewachsene und wenigstens in ihren Grundstrukturen bis in die Nachkriegszeit vorhandene Berliner Altstadt sucht, hat Mühe, sie zu finden. In den 60er Jahren ließ die DDR-Staatsführung zwischen der Spree und dem weiten Bogen der S-Bahntrasse, die ungefähr dem Verlauf der mittelalterlichen Stadtmauer folgt, fast alle Reste des alten Berlin für das neue Hauptstadt-Zentrum abräumen. Seitdem wird das Gebiet durch eine vom Fernsehturm dominierte modernistische Stadtparklandschaft beherrscht. Von der Vorkriegs-Vergangenheit zeugen nur noch die zierlichgotische Marienkirche im Schatten des Fernsehturms, das Berliner oder »Rote« Rathaus, heute Sitz des Regierenden Bürgermeisters. Vor allem aber erinnert das »Nikolaiviertel« rund um die erste Stadtpfarre Berlins, St. Nikolai, an die alte Stadt Berlin – obwohl es ebenfalls in weiten Bereichen eine genuine Neuschöpfung der DDR-Architektur ist.

Hin zum Roten Rathaus wird das Nikolaiviertel begrenzt von der viel befahrenen Spandauer Straße, hin zum Molkenmarkt von der erst zu DDR-Zeiten autobahngleich ausgeweiteten Grunerstraße. Neu ist die Promenade auf hohen Kaimauern, die an der Spreeseite des Viertels zum Flanieren einlädt, und auch die Rathausstraße wurde erst während des Wiederaufbaus des Nikolaiviertels verkehrsberuhigt. Sie begrenzt das Quartier hin zu der mehrere historische Straßenblöcke überspannenden Grünanlage aus den 70er Jahren, in deren Zentrum das Denkmal für Karl Marx und Friedrich Engels steht. Nichts ist hier mehr von dem Trubel zu spüren, der nicht nur die quer durch das Nikolaiviertel gehende Poststraße – an der sich einst das erste öffentliche Theater oder die erste Apotheke befanden – sondern auch

Die zu einem kleinen Platz führende Propststraße ist eine neue Idee der Wiederaufbauplanung Günter Stahns.

Seite 6/7: Blick auf das Nikolaiviertel: Rechts der Mühlendamm und der Molkenmarkt, links die Rathausstraße.

die bis 1952 als »Königstraße« geführte Rathausstraße prägte. Sie war seit dem späten Mittelalter und besonders seit dem triumphalen Einzug des neu zum König in Preußen gekrönten Friedrich I. 1701 die eigentliche Zeremonial- und Prachtachse Berlins, verband das Königstor am Alexanderplatz mit dem Schlossbezirk auf der Spreeinsel.

Die Vorgängerbebauung des heutigen Nikolaiviertels entstand im hohen Mittelalter, nahe der historischen Wurzel dessen, was wir heute als Berlin kennen. Am Mühlendamm führte wohl die erste Furt und seit etwa 1230 eine erste Pfahlbrücke über die Spree. Sie war Teil des Fernhandelswegs, der von Süddeutschland über Leipzig an die Ostsee führte. Gleichzeitig staute der Mühlendamm aber auch die Spree auf und garantierte damit die Kahnschifffahrt von der Elbe über die Havel und die Unterspree mit einigen Umladungen bis hin zum Spreewald und zur Oder. Erst 1578 wird auch eine Schleuse erwähnt – die Schwesterstädte Berlin und Cölln hatten damit zwischen Spandau und Köpenick die absolute Kontrolle über den Fernhandel zu Wasser und zu Lande. Außerdem konnte dank des Staugefälles die Wasserkraft genutzt werden. Um 1220 entstanden die ersten Getreide-, Loh-, Walk- und Sägemühlen, die, immer wieder umgebaut und erweitert, die Ortsgeschichte bis ins späte 19. Jahrhundert prägten. Noch im Baedeker von 1906 werden die Mühlenbauten als Sehenswürdigkeit erwähnt, erst 1936 verschwanden sie endgültig aus dem Stadtbild. Direkt hinter dem Damm war schon im frühen Mittelalter der erste Markt Berlins entstanden, zunächst wurde er niederdeutsch als Molen-, also Mühlenmarkt, erst seit dem 16. Jahrhundert als Molkenmarkt bezeichnet. Und nahe diesem Markt wurde um 1230 als erste Stadtkirche die Nikolaikirche auf einem Sandhügel im sonst morastigen Spreetal errichtet, unweit davon das erste Rathaus mit der Gerichtslaube, dicht umstanden von den Wohn- und Arbeitshäusern der Bürger.

Originale Zeugnisse dieser Vergangenheit aber sind kaum erhalten. Zwar hat man im Nikolaiviertel durchaus den Eindruck, sich in einer über Jahrhunderte gewachsenen Stadt zu befinden. Aber die meisten Häuser in

Obwohl auch dies Haus aussieht, als wenn es Altbestand ist, wurde es doch neu gebaut, um das tatsächlich historische Knoblauchhaus ästhetisch einzubinden.

Die Spreefront des Nikolaiviertels erscheint auf den ersten Blick als eine historisch gewach-
Fassadenschmuck. Bis man sieht, dass viele dieser Häuser Plattenbauten sind.

diesem Quartier, selbst jene, die mit Putzfassaden und kleinen Fenstern so historisch aussehen, wurden erst zwischen 1980 und 1987 errichtet. Ihr Neubau erfolgte nach Plänen des Kollektivs um Günter Stahn, Werner Paetzold und Rainer Bauer. Die Architekten verbanden die wenigen noch vorhandenen Vorkriegs-Altbauten mit von anderen Orten hierher versetzten historischen Fassaden, stilistisch angelehnten Neubauten und speziell entworfenen Plattenbauten zu einem trotz seiner historischen Anmutung gänzlich neuartigen Kunstwerk.

Obwohl ästhetisch seit seiner Einweihung und bis heute umstritten, ist das Nikolaiviertel damit eines der architekturhistorisch bedeutsamsten Wiederaufbauprojekte der DDR, geprägt von der in den 70er Jahren in ganz Europa entstehenden Leidenschaft für alte Stadtansichten, aber auch von der beginnenden internationalen Postmoderne. Heute nimmt es mit Restaurants, einem kleinen Zille-Museum, der Stiftung Stadtmuseum Berlin in St. Nikolai, im Knoblauchhaus und im Ephraim-Palais, mit Souvenirgeschäf-

sene Anlage mit mittelalterlichen Stufengiebeln, barocken Walmdächern und historistischem

ten und Boutiquen in vieler Hinsicht die Rolle einer gewachsenen Altstadt ein. Das ist nicht nur für viele Touristen attraktiv, sondern auch für viele Berliner, von denen traditionell die Mehrheit nicht in der Stadt geboren oder aufgewachsen ist, sondern hier eine neue Heimat gefunden hat und einen Anker für eine neue kommunale Identität sucht. Übersehen wird dabei oft, dass sich im Nikolaiviertel neben circa 50 Ladengeschäften und 22 Gaststätten auch etwa 800 Wohnungen befinden, in denen etwa 2000 Menschen leben. Für sie sind die Arkadenbögen, Gassen, Höfe, kunsthandwerklich geschmiedeten Ladenschilder, das Spreeufer und das holprige Kopfsteinpflaster nicht pittoreske Nostalgie, sondern alltägliche, weitgehend vom Autoverkehr befreite Lebensumwelt.

Das Nikolaiviertel in einer Aufnahme von 1910.

Das alte Viertel um St. Nikolai

Das historische Quartier rund um die Nikolaikirche wurde vor allem im 2. Weltkrieg und in der Nachkriegszeit zerstört. Doch schon seit der Kaiserzeit wurde es als Sanierungsgebiet betrachtet; im Baedeker-Reiseführer für Berlin von 1906 sind neben den Mühlendamm-Mühlen gerade einmal das »palastartige« Ephraim-Palais und St. Nikolai als Sehenswürdigkeiten in dieser Gegend aufgeführt. Das einst ansässige Bürgertum zog schon seit dem frühen 19. Jahrhundert in die ruhigeren Vororte. Moderne Kaufhäuser und Bürogebäude, die neue Börse, das Rote Rathaus, die Oberpostdirektion oder der Neubau des Stadthauses am Molkenmarkt um 1910 markierten den kaiserzeitlichen Anspruch, die Altstadt grundsätzlich neu zu gestalten. Die alten, dicht gedrängt stehenden Wohn- und Geschäftshäuser verkamen hingegen, wurden billig vermietet und allenfalls noch als malerische Kulisse geschätzt. Ganze Straßenblöcke fielen schon lange vor dem Krieg Neubauten oder Straßenausweitungen zum Opfer.

Nach Kriegsende stand nur noch die Ruine der Nikolaikirche auf einer weitgehenden Brache.

So bereitete die Stadtverwaltung seit dem Ende der 20er Jahre den Ausbau des Mühlendamms vor, dem um 1935 die Bebauung des Molkenmarkts zum Opfer fiel. 1937 plante die nationalsozialistische Stadtverwaltung hier ein »Altstadt-Forum« mit städtischen Verwaltungsgebäuden und Aufmarschplatz. Rund um die Nikolaikirche sollte hingegen eine Art Freilichtmuseum mit etwa 30 als wertvoll betrachteten historischen Fassaden entstehen, die wegen der Germania-Projekte Hitlers andernorts abgerissen wurden. Das von den Nazis beständig als zu internationalistisch verdächtigte Berlin sollte damit eine wenigstens ästhetisch typisch »deutsch« erscheinende Altstadt erhalten.

Eine Folge dieser Planungen war, dass die Kirche St. Nikolai 1938 profaniert wurde. Vor allem aber gingen, wie der Historiker Benedikt Goebel herausfand, bis 1945 zwei Drittel aller Grundstücke und zumal jene, deren Besitzer seit 1933 als Juden verfolgt wurden, in städtischen Besitz über. So wurde unter anderem der gesamte nordöstliche Block des Nikolaiviertels, auf

13

Die Zille-Statue und der Gründungsbrunnen sind nur einige der vielen Schmuckstücke, die im Nikolaiviertel verteilt wurden.

dem das renommierte und monumentale Kaufhaus Nathan Israel stand, im Jahr 1939 »arisiert«. Diese Zerstörung der bürgerlichen Eigentumsstruktur in der Altstadt bildete die juristische Ausgangslage für den radikalen Neuaufbau der gesamten Altstadt zu DDR-Zeiten.

Das Nikolaiviertel ist also nicht nur ein Denkmal der DDR-Architekturhistorie, sondern auch eines der deutschen politischen und sozialen Geschichte des 20. Jahrhunderts.

Die Gasse hinter der Nikolaikirche ist zwar auch ein Wiederaufbau, doch erscheint das Quartier hier am meisten historisch mit außen liegenden Treppen, schmiedeeisernem Schmuck und Putzfassaden.

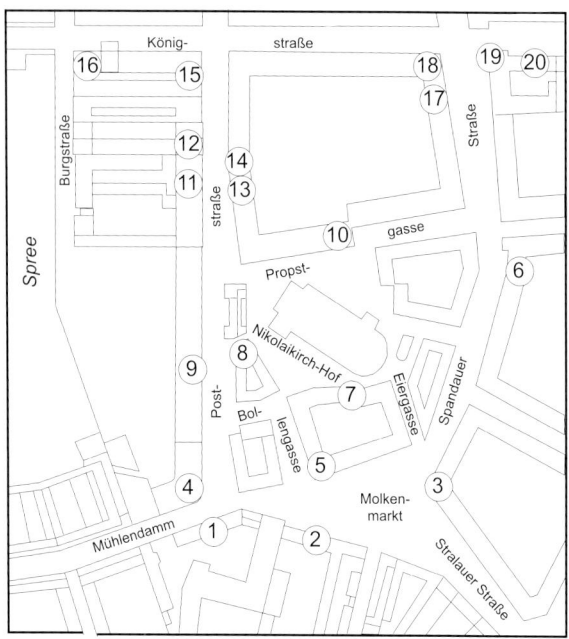

Das Nikolaikirchviertel um 1800

① Mühlenhof
② Stadtvogtei und Palais Schwerin
③ Zornsche Apotheke
④ Ephraim-Palais
⑤ Gasthaus zur Rippe
⑥ Blankenfeld Haus
⑦ Lessing-Haus
⑧ Knoblauchhaus
⑨ Hessisches Haus
⑩ Propstei / Gaststätte
   »Zum Nussbaum«

⑪ Kurfürstliche Münze
⑫ Johann Sigismund Sterbehaus und
   Nicolai Geburtshaus
⑬ Wohnhaus du Titre
⑭ Canstein-Haus
⑮ Altes Posthaus
⑯ Palais Wartenberg
⑰ Kaufhaus Israel
⑱ Fuchssches Wohnhaus
⑲ Gerichtslaube
⑳ Berliner Rathaus

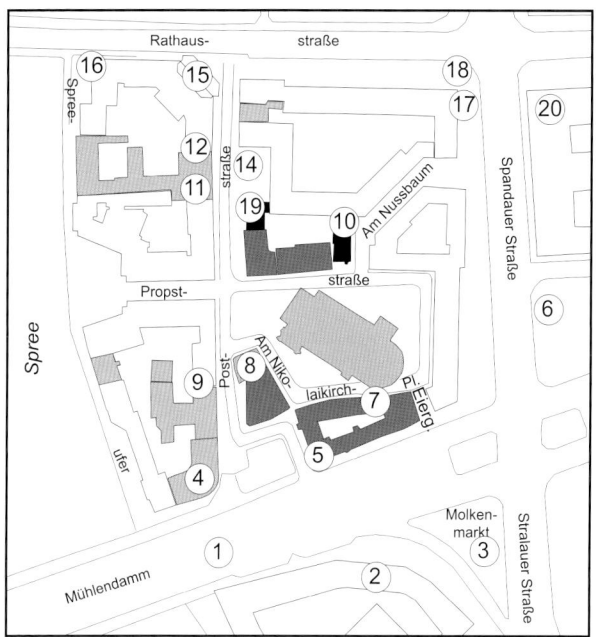

Das Nikolaiviertel heute

■ rekonstruierte und versetzte Bauten

▨ rekonstruierte Bauten

▨ Originalbauten

☐ Neubauten

Das Nikolaiviertel

Nach der Trümmerberäumung in den frühen 50er Jahren standen nur noch wenige Häuser der Berliner Altstadt. Auch die Türme von St. Nikolai waren abgebrannt, die Gewölbe eingestürzt. Teile der Altstadt wurden in den 60er Jahren mit dem Fernsehturm und den rund um ihn angelegten Ausstellungspavillons sowie einer Gartenanlage neu bebaut, Wohnhochhäuser rahmen seither das neue, breite Parkband zwischen Alexanderplatz und dem von 1972 bis 1976 errichteten und 2008 abgerissenen Palast der Republik. Das Viertel um die Nikolaikirche hingegen lag brach; immer wieder wurde sogar der Abriss der Kirchenruine oder ihr modernistischer Ausbau als Museum für Stadtgeschichte debattiert.

Erst seit etwa 1976 wurde auch der Wiederaufbau des Nikolaiviertels vorbereitet. 1979 schrieb die Stadt einen Wettbewerb dafür aus, in dem auch der am Vorkriegszustand orientierte Wiederaufbau der Kirche, die Integration der noch vorhandenen Altbauten, einige Rekonstruktionen sowie die Anlage eines Arkadengangs zum Marx-Engels-Forum vorgesehen waren. Die neuen Planungen sollten, wie es hieß, »dem Bedürfnis der sozialistischen Gesellschaft nach kulturgeschichtlicher und ästhetischer Bildung« gerecht werden. Das Architektenkollektiv um Günter Stahn, Werner Paetzold und Rainer Bauer konnte mit seinem Entwurf die Konkurrenz für sich entscheiden. 1987, pünktlich zur in West- wie in Ost-Berlin mit großem Aufwand begangenen 750-Jahr-Feier der Stadt und unmittelbar vor dem 11. Parteitag der SED, wurde das Viertel an die heutige WBM Wohnungsbaugesellschaft Berlin-Mitte mbH übergeben, damals nicht nur als Wohnquartier mit hohem Sozialstatus, sondern auch versehen mit der höchsten Dichte gastronomischer Einrichtungen in der DDR.

Stahn und seinen Kollegen ging es nicht um den Wiederaufbau, sondern um einen Neubau, der die Stimmung historischer Quartiere hervorrufen sollte, ohne aber die alten, im Krieg zerstörten Häuser zu kopieren. Gleichzeitig sollte die Kleinteiligkeit der alten Stadt mit der modernistisch weiten neuen Mitte der DDR-Hauptstadt verbunden werden. Charakteristisch dafür

Die Neubauten zum Mühlendamm gestalteten Stahn und seine Kollegen im Stil des späten 18. Jahrhunderts, das seit der Zeit um 1900 als Ideal bürgerlicher Kunst gilt.

Zum Marx-Engels-Forum hin ist das Nikolaiviertel in der Fernansicht ganz modern gestaltet, als Wohnviertel mit Balkonen und viel Grün vor der Haustür.

ist die im alten Stadtplan nicht zu findende neue Gasse Am Nussbaum, die diagonal etwa von der Nordostecke des Viertels zur Nikolaikirche führt. Diese, der wichtigste Anker historischer Bedeutung im Viertel, wurde damit in eine während des Gehens erfahrbare Sichtbeziehung zum Areal um den Fernsehturm und zu den vor dem Roten Rathaus stehenden Bronzefiguren mit dem Titel »Weg mit den Trümmern« des Bildhauers Fritz Cremer gesetzt. Die Gasse mündet gegenüber der Mittelachse des Roten Rathauses auf die Spandauer Straße. Stahn hatte vergeblich vorgeschlagen, das Erdgeschoss des Rathauses zu einer Ladenpassage umzubauen, durch die hindurch man bis fast zum Alexanderplatz hätte gehen können. Dies Projekt scheiterte zwar – für das Rote Rathaus glücklicherweise – doch erinnert die Lage der Gasse Am Nussbaum noch daran.

Eine andere Neuerung des Stadtplans war die Öffnung des neuen Nikolaiviertels hin zur Spree. Traditionell war die am Fluss entlang führende Burgstraße eher nebensächlich, geprägt von Handelshäusern mit Hinterhöfen.

Die Gasse Am Nussbaum ist ebenfalls eine Neukonstruktion Stahns, der Giebel des Plattenbaus soll barock-historisierende Stimmung schaffen.

Der Fluss war so aus dem repräsentativen städtischen Leben regelrecht verbannt. Stahn und seine Kollegen hingegen legten am Ende der bis hierher verlängerten und nun als Straße bezeichneten einstigen Propstgasse einen kleinen Platz an, auf dem eine dramatisch bewegte Statuengruppe des Heiligen Georgs als Drachentöter steht. Geschaffen von August Kiss als Symbol des siegreichen christlichen Glaubens, stand das Monument seit 1865 im Großen Hof des Berliner Schlosses. Es erinnerte dort auch an die Vermählung des preußischen Thronfolgers Friedrich Wilhelm mit der englischen Prinzessin Victoria, deren Patron der Heilige Georg war. Vor der Sprengung des Schlosses 1950 im Auftrag der SED wurde das Monument ausgelagert, erst im Volkspark Friedrichshain und dann 1987 im Nikolaiviertel aufgestellt – seinerzeit selbstverständlich ohne jeden Hinweis auf seinen einstigen Standort, obwohl der von der neuen Adresse sogar zu sehen ist. Das Gitter entlang der Spreepromenade stammt von der ehemaligen Schlossfreiheit, die beiden Löwen aus Sandstein wurden 1987 von der Reichsmünze am Molkenmarkt

Einst stand das von August Kiss 1859 gestaltete Denkmal des Heiligen Georg, wie er die Jungfrau vor dem Drachen schützt, im Großen Hof des 1950 barbarisch auf Befehl der SED gesprengten Berliner Schlosses.

hierher versetzt, und die beiden Marmor-Allegorien des Städtebaus und der Stärke entstanden 1857 für die Ruhmeshalle des Zeughauses, Frühwerke des bedeutenden spätklassizistischen Bildhauers Reinhold Begas. Sie sind nur einige der vielen ins Nikolaiviertel versetzten Kunstwerke.

Das Nikolaiviertel setzt sich also zusammen aus einem sehr kleinen Bestand von Bauten aus der Vorkriegszeit, einigen hier rekonstruierten, aber von anderen Orten stammenden Gebäuden und der großen Masse von Neubauten, die teils in historisierenden Formen, teils in sichtbar moderner Plattenbauweise errichtet wurden. Ergänzt wurden sie durch hierher versetzte alte Kunstwerke sowie Objekte, die eigens zum Schmuck des Nikolaiviertels angefertigt wurden – wie etwa die Figuren von »Originalen« wie dem »Eckensteher Nante«, der Blumenfrau oder einem Schusterjungen.

Die Nikolaikirche ist nicht nur das Zentrum des Nikolaiviertels, sondern auch der monumentale Beweis des Reichtums, den Berlins Bürger schon im Mittelalter erwirtschafteten.

Bauten aus der Vorkriegszeit

Die Nikolaikirche

Im Zentrum des Nikolaiviertels steht die Kirche St. Nikolai. Sie ist das älteste erhaltene Bauwerk in Berlin und einer der bedeutendsten Kirchenbauten in der Mark Brandenburg. 1981 bis 1987 wurde sie nach schwersten Kriegsschäden nach Plänen der von Erhardt Gießke geleiteten Abteilung Sonderbauvorhaben in einer an die Vorkriegssituation angelehnten Fassung wiederaufgebaut. So wurde ein der Museumsnutzung angemessener neuer Fußboden eingebaut, tragende Teile aus mit Ziegeln verkleidetem Stahlbeton gefertigt und der Dachstuhl nicht aus Holz, sondern auch Stahl neu errichtet. Innen erhielt die Kirche eine neue, dem mittelalterlichen Farbgewand angenäherte bunte Ausmalung. Geweiht war der Bau bis zur Profanierung im Jahr 1938 dem Heiligen Nikolaus von Myra, dem Patron der Kaufleute, Seefahrer, Kinder, Studenten und Jungfrauen. 1957 stieß man bei Ausgrabungen auf die romanischen Fundamente des um 1230 errichteten ersten steinernen Gotteshauses. Der gewaltige, aus sorgfältig behauenen Feldsteinen errichtete Unterbau des Turmes zeigt, dass bereits diese erste Nikolaikirche für ein blühendes Gemeinwesen errichtet wurde, das sich ein solch technisch wie finanziell aufwändiges Bauunternehmen leisten konnte. Um 1379, die Pestzeit war überwunden und in der Mark Brandenburg zog neuer Wohlstand ein, begann nach und nach der Bau einer neuen Kirche, beginnend zunächst und wie in ganz Europa üblich mit dem Chor. Er wurde aus Ziegeln, einem damaligen Hochtechnologieprodukt, aufgemauert und als Hallenumgangschor angelegt, in dem die Seitenschiffe so hoch sind wie der Hochchor.

Ein Laufgang ist über den Kapellen zwischen den Strebepfeilern angeordnet, große Fenster lenken das Licht bis tief in den Raum hinein. Es ist der früheste Hallenumgangschor der Region. Sein Vorbild waren süddeutsch-böhmische Hausteinarchitekturen der »Parlerschule«, die auf den Architekten des Prager Veitsdomes, Peter Parler, zurückgehen und für ihre raffinierten Raumwirkungen und besonders kühnen Konstruktionen berühmt sind. Bis um 1460 entstand das entsprechend dem Chor als dreischiffige Halle ausgebildete Langhaus mit seinen fünf Jochen. An der Südwestecke steht die 1452 gestiftete Liebfrauenkapelle, die mit ihrem Staffelgiebel an Bauten in Jüterbog und Brandenburg erinnert und sich innen mit weiten Arkaden zum Kirchenraum öffnet.

Erst 1878 kamen dann die hohen, neugotischen Turmhelme auf dem Feldsteinsockel hinzu, entworfen von Stadtbaurat Hermann Blanckenstein als Symbol bürgerlicher Stärke in Anlehnung an die Doppelturmfronten etwa der Lübecker Marienkirche. Bei ihrem leicht verändernden Wiederaufbau nach Plänen Martin Müschters wurde nur die südliche Spitze wieder mit einer goldenen Wetterfahne versehen, als Andeutung, dass bis 1878 nur dieser Turm zur vollen Höhe gediehen war.

Am 2. November 1539 wurde in der Nikolaikirche erstmals das Abendmahl »in zweierlei Gestalt«, also mit Wein und Brot, an die Gemeinde gegeben. Damit trat Berlin endgültig in das Lager der lutherischen Reformation über. Die meisten Kapellen zwischen den Strebepfeilern der Außenwände

wurden nun zu Grablegen des Berliner Bürgertums umgebaut. Einige der zum Kirchenraum gewandten Fassaden dieser Grablegen schufen herausragende Bildhauer und Architekten, etwa das von Andreas Schlüter entworfene Grabmal des Goldschmieds Daniel Männlich von 1701, bis heute eines der ergreifendsten Barockwerke Berlins, oder die 1725 entstandene Grablege des Finanzministers Johann Andreas Kraut von dem Schlüter-Schüler Johann Georg Glume.

Obwohl viele Teile der einstigen Ausstattung verloren gingen, ist St. Nikolai neben der Marienkirche das bedeutendste Dokument der Geschichte des Berliner Bürgertums. Die Kirche dient heute als Dependance des Stadtmuseums. Hier wird unter anderem an den bedeutenden Kirchendichter Paul Gerhard erinnert, der von 1657 bis 1666 als Prediger der Nikolaikirche wirkte und nach heftigen Angriffen auf den Kurfürsten die Stadt verlassen musste. 1809 fand in der Kirche die erste Stadtverordnetenversammlung Berlins nach den preußischen Städtereformen statt, und 1991 versammelte sich hier das erste nach der Wiedervereinigung gewählte Berliner Abgeordnetenhaus zur konstituierenden Sitzung.

Die Nikolaikirche wurde auf einer der vier Talsandinseln im Spreetal gebaut, die Berlin und Cöllns Gründung möglich machten. Der die Kirche umgebende Hügel diente jahrhundertelang als Friedhof. Bis heute künden die außen an der Kirche angebrachten Epitaphen davon. Nördlich der Kirche wurden die Statuen einer »Klio«, also der Muse der Geschichtsschreibung, und einer Allegorie der Wissenschaften aufgestellt, die beide einst zu dem im Krieg zerstörten Reiterdenkmal König Friedrich Wilhelm III. vor dem Alten Museum gehörten.

Neben der Eingangstür hängt eine 1987 von Gerhard Thieme gestaltete Gedenkplatte, die an die Geschichte der Kirche erinnert. Thieme war auch der Bildhauer des »Stadtsiegel« und vor allem des nach Vorbildern aus dem Spätmittelalter und der Renaissance von Günter Stahn entworfenen

Seit 1938 finden in dieser großen, erst in den 1980er Jahren wieder aus den Kriegstrümmern aufgebauten Kirche nur noch im Ausnahmefall Gottesdienste statt. Sie dient der Stiftung Stadtmuseum Berlin als Ausstellungsort für sakrale Kunstwerke aus dem Mittelalter, der Renaissance, dem Barock und des Klassizismus.

Nichts deutet darauf hin, dass die Kirche eigentlich ein Wiederaufbau ist. Nur die von Gerhard Thieme gestaltete Gedenkplatte erinnert an ihre Geschichte.

»Gründungsbrunnens« vor dem Kirchenportal. Dekoriert ist das vier Meter breite und auf drei Stufen stehende achteckige Brunnenbecken mit einer schmiedeeisernen Bekrönung von Hans-Joachim Kunsch, die Bronzekette fertigte Stefan Kuschel an.

An den Seiten des Brunnenbeckens sind die Zunftzeichen der Berliner und Cöllner Bäcker, Fleischer, Schuhmacher und Schneider angebracht, der Bär auf der sechs Meter hohen Säule in der Mitte des Brunnens hält das alte brandenburgische Adler-Wappen. Thieme schuf für das Nikolaiviertel außerdem Skulpturen eines Anglers, eines Leierkastenmanns und bekannter Berliner Originale.

Das Knoblauchhaus ist das letzte erhaltene bürgerliche Wohnhaus des 18. Jahrhunderts in der Berliner Altstadt, ein klassizistisches Kleinod, das heute als Museum an die bedeutenden Bürgerfamilien Knoblauch und Schubert erinnert.

Das Knoblauch- und das Schuberthaus

Das einzige noch am originalen Standort stehende und auch in der Bausubstanz und -ästhetik weitgehend erhaltene Berliner Bürgerhaus des 18. Jahrhunderts ist das Knoblauchhaus in der Poststraße 23. Gebaut wurde es auf einer schmalen mittelalterlichen Parzelle und über den alten Kellergewölben 1759–1761 wohl nach Plänen von Johann Christian Knoblauch, dem ersten einer ganzen Dynastie von Baumeistern und Architekten. Ursprünglich ein Haus im Rokoko-Stil mit einer leicht geschwungenen Fassade, wurde es 1806 mit einem luftigen, klassizistischen Girlandenfries und geraden, mit Blattwerkleisten verzierten Fensterdächern versehen. In der ersten Hälfte des 19. Jahrhunderts etablierte sich die Adresse als ein Zentrum des Berliner Kunst- und Geisteslebens; hier trafen sich etwa die Mitglieder des »Vereins der Kunstfreunde«, zu dem auch Karl Friedrich Schinkel, Christian Daniel Rauch oder Wilhelm von Humboldt gehörten. Nach Kriegsbeschädigungen 1952 wiederhergestellt, wurde es 1986 nochmals restauriert und als Wein-

An der Poststraße stehen sich Originale, wie das ehemalige BEMAG-Haus (links), und rekonstruierte Neubauten direkt gegenüber.

stube eröffnet, die einstigen Wohnräume wurden später zum Teil des Berliner Stadtmuseums. Das intim mit vorzüglichen klassizistischen und Biedermeiermöbeln sowie Erinnerungsstücken, Gemälden, Porzellan und alten Leuchtern eingerichtete Interieur erinnert so heute an die Blütezeit des Berliner Bürgertums im frühen 19. Jahrhundert, vor allem aber an die Geschichte der einst einflussreichen Familien Knoblauch und Keibel. Deren Erben haben, nicht zuletzt auf Anregung von Günter Stahn, Teile ihres Familiennachlasses dem Stadtmuseum gestiftet.

Rechts neben dem Knoblauchhaus steht bereits seit 1957 wieder das so genannte Schuberthaus, das trotz schwerer Kriegszerstörung als einer der ersten Bauten des Viertels historisierend wieder aufgebaut wurde – und damit ein konzeptionelles Bindeglied ist zwischen den Ideen der 30er Jahre, um die Nikolaikirche ein Freilichtmuseum einzurichten, und dem Wiederaufbaukonzept Günther Stahns.

Die oberen Etagen dieses Bürohauses wurden früher von der Berliner Müllabfuhr AG (BEMAG) genutzt.

Das ehemalige BEMAG-Haus

Gegenüber vom Knoblauchhaus ist das »BEMAG«-Geschäftshaus zu sehen, das heute als Verwaltungssitz der Stiftung Stadtmuseum Berlin dient. 1935 wurde es nach Plänen von Paul G. R. Baumgarten aus zwei älteren Bauten zusammengefügt und mit einer neuen Fassade versehen. Sie ist streng geometrisch aufgeteilt durch schmale, mit orange-braunen Siegelsburger Kacheln verkleidete Pfeiler, Träger und Wandflächen. Baumgartens Bau ist der letzte ästhetisch wirksame Zeuge jenes tiefgreifenden Umbaues, der in der Berliner Altstadt in den 1920er Jahren im Anschluss an die Neugestaltungen der Kaiserzeit begonnen wurde. Obgleich schon während der Nazi-Zeit entstanden, schließt diese Architektursprache unverkennbar an die Berliner Moderne der 20er Jahre an. Besonders frappierend ist diese Architektur im Vergleich zu den fast gleichzeitig entstandenen neuklassizistischen Bauten am nahe gelegenen Molkenmarkt.

Das Ephraim-Palais ist das prachtvollste Palais des 18. Jahrhunderts in Berlin gewesen. 1937 demontierte man die Fassaden für den autogerechten Ausbau der Mühlendammbrücke.

Rechts neben dem BEMAG-Haus steht das so genannte »Hessesche Haus«, ein Gründerzeitbau von 1893 mit der für die Berliner Architektur dieser Jahre typischen Gliederung in Vorderhaus, Seitenflügel und Quergebäude, zwischen denen sich ein heute romantisch gestalteter Innenhof erstreckt.

Das Ephraim-Palais

Links neben dem BEMAG-Haus geht es einige Stufen empor durch eine kleine Gartenanlage, bis man auf der Höhe des neuen Mühlendamms und vor dem »schönsten Privatgebäude Berlins« steht, wie der Maler Max Liebermann 1930 über das »Ephraim-Palais« schwärmte. Die Wiederaufrichtung der Fassaden des Palais – das trotz des Adelsprädikats nur ein allerdings ungewöhnlich reich ausgestattetes Bürgerhaus war – nur 16 Meter von ihrem ursprünglichen Stand-

Nach dem Krieg wurde zeitweilig überlegt, die Fassaden in West-Berlin wieder zu rekonstruieren, bis der Senat die Tafeln doch an Ost-Berlin übergab und sie dort 1987 wenige Meter vom originalen Standort wieder zusammengesetzt wurden.

ort an der Ecke Mühlendamm und Poststraße entfernt, war schlichtweg die Sensation des neuen Nikolaiviertels. Genutzt wird es vom Berliner Stadtmuseum vor allem für Sonderausstellungen aus seinen reichen, viel zu wenig beachteten Kunstsammlungen. Mit seinen kraftvollen Säulen, den zierlichen vergoldeten Gittern und Skulpturen ist das Ephraim-Palais ein Hauptwerk des preußischen Rokoko der Zeit Friedrich des Großen und zweifellos das prachtvollste Gebäude, dass sich ein Berliner Bürger, der zudem noch Jude war, in der Stadt des Ancien Régime errichtete. Es entstand ursprünglich 1762–66 nach Plänen Friedrich Wilhelm Dittrichs für den Hof-Juwelier und Münzpächter Veitel Heine. Der Reichtum seiner weithin sichtbaren Fassaden und das üppige, ovale Treppenhaus sowie die noblen Repräsentationsräume im Obergeschoss – die in abstrahierter Form wieder entstanden – waren eine Demonstration bürgerlichen Selbstbewusstseins, aber auch der beginnenden jüdischen Emanzipationsbewegung. Das Haus wurde 1936 trotz heftiger Proteste selbst solch erklärter Moderne-Anhänger, wie etwa Werner Hegemann oder des Berliner Baustadtrats Martin Wagner, für den Bau der neuen Mühlendammbrücke abgetragen; die wichtigsten Fassadenteile wurden eingelagert. Nach dem 2. Weltkrieg befanden sie sich deswegen in West-Berlin, wo im Rahmen der für 1987 geplanten Internationalen Bauausstellung vorgeschlagen wurde, sie in die Fassade des geplanten Neubaus für ein Jüdisches Museum im Bezirk Kreuzberg zu integrieren. Doch entschied sich der Senat, sie stattdessen nach Ost-Berlin zu geben, wo der Wiederaufbau des Gebäudes bis 1987 abgeschlossen wurde. Viele Details wie das Gitter und mancher Dekorstein mussten zwar nachgefertigt werden; sie waren im Laufe der Zeit beschädigt worden oder verloren gegangen. Dennoch ist diese Fassade keine modern angefertigte Kopie, sondern überwiegend ein Original. Darüber hinaus ist das Gebäude auch eine Sammlung von weiteren barocken Originalbauteilen: Zwei Türflügel stammen aus dem Berliner Schloss, dessen Architekt Andreas Schlüter zu den Lehrern Dittrichs zählte; im Obergeschoss ist die Kopie einer Stuckdecke aus dem Palais Wartenberg, der so genannten Alten Post, eingebaut, jenem bedeutenden Barockbau Andreas Schlüters, der 1703 für den einflussreichen Grafen von Wartenberg an der Burgstraße gegenüber vom Schloss errichtet worden war und 1889 trotz zahlreicher Proteste abge-

Gegenüber dem Ephraim-Palais bleibt eine kleine Grünfläche, die der stark befahrenen Straße trotzt.

rissen wurde. Eine originale Decke dieses Palais befindet sich übrigens im Postmuseum an der Mauerstraße, Reste des wertvollen Gebäudes verwahrt die Skulpturenabteilung des Bode-Museums.

Der Molkenmarkt

Vor dem Ephraim-Palais weitet sich eine große, von breiten Straßen durchpflügte Stadtbrache. Nur noch ihr Name erinnert an die einstige Gründungszelle Berlins, den Molkenmarkt. Dominiert wird die Fläche vom Turm und den Fassaden des 1902 bis 1911 errichteten Stadthauses von Ludwig Hoffmann. Mit seiner eigentlich Machtbauten des Staates vorbehaltenen dorischen Säulenordnung und dem gewaltigen, an Festungen erinnernden Rustikasockel an der Fassade, der großartigen, nach der Restaurierung durch Gerhard Spangenberg wieder erlebbaren »Bärenhalle« im Inneren, der zierlichen Brunnenhalle am rückwärtigen Eingang zur Klosterstraße hin und schließlich mit der elegant-goldenen Fortuna auf dem Dach ist dieser Bau das aussagekräftigste Dokument des Reichtums Berlins um 1900 und des Anspruchs des Bürgertums auf politischen Einfluss. Gegenüber dem Stadthaus steht die Fassade des 1699 vom ersten Architekten des Zeughauses, Jean de Bodt, nach französischen Vorbildern entworfenen Palais Schwerin. Sie wurde 1935 wie die Fassade des Ephraim-Palais für den Mühlendammneubau »versetzt«, also abgerissen, nach Plänen Fritz Keibels jedoch umgehend etwas zurückgesetzt neu aufgebaut. Dieser Architekt entwarf auch den rechts anschließenden, lang gestreckten, im für die Nazi-Staatsarchitektur charakteristischen trockenen Neuklassizismus gehaltenen Erweiterungsbau für die Reichsmünze, in dessen Fassade eine Kopie des Münzfrieses von Friedrich Gilly und Gottfried Schadow eingelassen wurde. Links neben der Fassade des Palais Schwerin entstand 1999 der von Christoph Langhof geplante neokubistische Neubau für die Berliner Wasserwerke.

Das Kurfürstenhaus

Zurück ins Nikolaiviertel, hin zum Spreeufer. Dort steht eines der schönsten Berliner Denkmale des deutschen Historismus in seiner reichsten Form, das »Kurfürstenhaus«.

Der Bau mit seiner im Abendlicht zart schimmernden roten Sandsteinfassade in süddeutschen Renaissanceformen, 1895–1897 gebaut nach Plänen Carl G. G. Gauses, erinnert daran, dass in jenen Gründer-Jahren der Kaiserzeit die süddeutsche Architektur des 16. Jahrhunderts als eigentlich nationale galt, mit ihrem Reichtum von Säulenformen und Dekors. Es ist die Zeit, in der die Hohenzollern noch brandenburgische Kurfürsten waren – die Bronzestatue an der Fassade mit Richtschwert und Kurhut erinnert daran – und Berlins Aufstieg begann.

Die Stilsprache des Kurfürstenhauses erinnerte an diese Aufbruchzeit und an die nationale Mission, die Preußen seit 1871 gerade in liberalkonservativ-bürgerlichen Kreisen zugeschrieben wurde. Entsprechend verwandte Gause sie auch bei Bauten wie der Weinhandlung Borchardt in der Französi-

Das Kurfürstenhaus am Spreeufer ist eines der Originale des Viertels. An seiner Fassade steht eine Bronzestatue des Kurfürsten mit Richtschwert und Kurhut.

Fassade und Treppenhaus zeugen mit ihrer kunstvollen Gestaltung vom Reichtum der Berliner Gründerzeit.

schen Straße. Bemerkenswert sind die filigran gestalteten Gitter am Eingang sowie das hervorragend erhaltene Treppenhaus.

Die Verkleidung des Hofes mit hygienisch-weißen, leicht zu reinigenden Spaltfliesen wurde – um 1890 aus Paris kommend – damals für die Gestaltung von besseren Berliner Geschäftshaushöfen üblich.

Filigran gefertigt ist auch das Eisengitter am Eingang.

Die Hinterhöfe des Gebäudes erstrecken sich bis hin zur heutigen Poststraße.

Das Lesser & Hardt-Haus

Am Ausgang der Poststraße hin zum Marx-Engels-Forum steht ein schmales Geschäftshaus mit einer hellen Muschelkalkfassade. Entworfen wurde es 1907 von der Berliner Architekturfirma Hardt & Lesser. Die Fassade ist zwar mit ihrer Asymmetrie und der aufgebrochenen Dachkante noch leicht barock-jugendstilhaft bewegt, aber doch schon durchdrungen von der Strenge des Neuklassizismus, der um 1910 in Deutschland geradezu Staatsstil wurde – man denke an das von Alfred Messel entworfene Pergamonmuseum auf der Museumsinsel. Ähnliche Bauten findet man heute noch in der Mauerstraße oder Unter den Linden. Geschäftshäuser dieser Art prägten die Berliner Innenstadt einst weit mehr, als man sich das heute vorstellen kann. Sie waren Ausdruck des Wirtschaftsbooms der Jahrhundertwende, der erst mit dem 1. Weltkrieg wirklich ein Ende fand.

Benannt nach seinen Architekten, beherbergt das Lesser & Hardt-Haus heute ein Café.

Der Straßenzug an der Spandauer Straße lässt hinter seinen Walmdächern nicht vermuten, dass es sich hier um Sondertypen von Plattenbauten handelt.

Die rekonstruierten Bauten

Der romantischste Weg durch das Nikolaiviertel führt zweifellos von der Eiergasse entlang am Chor der Nikolaikirche, vorbei an kleinteilig-biedermeierlichen Fassaden mit Gewerkschildern über den Türen. Doch diese Häuser, die der Parzellenplan übrigens bis heute als eigenständige Grundstücke ausweist, sind Neubauten der 80er Jahre, die bis ins Detail nach Fotos aus den 20er Jahren rekonstruiert wurden. Immerhin wurde hier aber ein tatsächliches Stück Alt-Berliner Straßenraum wiederhergestellt. In einem der Vorgängerhäuser trafen sich die Aufklärer Gotthold Ephraim Lessing, Moses Mendelssohn und Friedrich Nicolai. Im Gegensatz zu der Information auf der hierher transferierten Bronzeplakette wurde »Minna von Barnhelm« aber nicht im Nikolaiviertel, sondern in Lessings letzter Berliner Wohnung in der Königsstadt nordöstlich des Alexanderplatzes vollendet. Die Fassade des Hauses gestaltete Stahn weitgehend getreu nach einem Kupferstich des 18. Jahrhunderts, die Nachbarhäuser wurden stilistisch angepasst. Auch an der Rückseite dieser

Südlich der Nikolaikirche wurden die Gebäude nach Fotos aus den 20er Jahren rekonstruiert.

Häuserfront, hin zum einstigen Molkenmarkt, nahmen sich Stahn und seine Kollegen mehr Freiheit in der Gestaltung der Fassaden. Hier wurde nicht im Detail rekonstruiert, was im Krieg untergegangen war, sondern eine freie Abwandlung der einstigen Häuserfronten aufgebaut. Sie orientierte sich an einem als ideal-berlinisch angenommenen Bild der Architektur des späten 18. Jahrhunderts. Seit Paul Mebes' Buch »Um 1800«, erschienen 1908, galt dieses lange als »Zopf«-Stil verunglimpfte Formenrepertoire zwischen Barock und Klassizismus als Vorbild für eine aus der Tradition heraus erneuerte moderne und bürgerliche Architektursprache. Über Jahrzehnte lag Mebes' Buch vor allem auf den Schreibtischen konservativer Architekten, aber eben auch derjenigen sozialistischen Planer, die in der DDR seit den frühen 50er Jahren versuchten, einen eigenen, nationalen Weg in die Moderne zu gehen und die tatsächlich historische, also überwiegend aus der Gründerzeit stammende Architektur Berlins mit ihren vielen Anlehnungen an feudal-mittelalterliche oder absolutistisch-barocke Modelle als ideologisch rückwärtsgewandt vehement

Enge Gassen und historische Details lassen Alt-Berliner Flair aufkommen.

ablehnten. Einer dieser Bauten ist das Haus »Zur Rippe«, dessen originaler Vorgängerbau 1665 errichtet und 1935 für den Neubau des Mühlendamms abgerissen wurde. Seine Fassade entstand im Jahr 1986 in der Gestalt des 18. Jahrhunderts wieder und befindet sich nun gegenüber dem Ephraim-Palais. Benannt wurde das Haus einst nach einer gewaltigen Rippe und einem Hüftknochen eines urzeitlichen Wals, die angeblich bei den Ausschachtungsarbeiten für den Ursprungsbau im 17. Jahrhundert gefunden worden waren, möglicherweise waren sie aber auch als Kuriosität von Fernhändlern nach Berlin gebracht worden. An ihre Stelle traten nun Kunststoffnachbildungen, die an der Fassade befestigt wurden. Methodisch vergleichbar gestalteten Stahn und seine Kollegen das breit ausgestreckte Haus an der Ecke Poststraße und Propststraße. Dessen schon lange vor dem 2. Weltkrieg abgerissenes Vorbild stand einst eine Ecke weiter an der Rathausstraße, ein einfacher, zweigeschossiger Bau mit Mansarddach, an dessen Ecke eine prachtvolle Medaillonscheibe für die in dem Haus untergebrachten Ge-

Zur Zeit seiner Einweihung im Jahr 1987 hatte das Nikolaiviertel die höchste Dichte an gastronomischen Einrichtungen in der DDR – heute gibt es hier 22 Restaurants und Cafés.

schäfte warb. Bei der Rekonstruktion des Gebäudes wurde dieses Medaillon mit einem Portrait des Schriftstellers Theodor Fontane versehen, der vor seinem literarischen Durchbruch als Journalist und Autor im ungeliebten Brotberuf als Apotheker im Nikolaiviertel arbeitete. 1987 wurde dieser Neu-Widmung entsprechend in dem rekonstruierten Haus auch eine historisierende Apothekeneinrichtung aus der Zeit um 1800 eingebaut, die inzwischen einer neuen Ladeneinrichtung weichen musste. Vor dem Haus steht eine der so genannten Lauchhammer-Pumpen, die bis weit nach dem 2. Weltkrieg zum Berliner Stadtbild gehörten. Diese im brandenburgischen Lauchhammer aus Eisen gegossenen Pumpen dienten zunächst der alltäglichen, später dann der Notversorgung mit Trink- und Nutzwasser, schmückten aber mit ihrem reichen Dekor auch die oft öden Vorstadtstraßen Berlins.

Die ins neue Nikolaiviertel versetzten Rekonstruktionen

Eine besondere Idee Stahns war es, im Nikolaiviertel auch Bauten zu rekonstruieren, die sich hier zu keiner Zeit befunden hatten. Auch wenn die DDR-Architekten betonten, dass sie nicht an die Idee eines städtischen Freilichtmuseums anknüpfen wollten, wie sie 1937 bereits debattiert worden war, entspricht das Vorgehen doch genau diesen Vorstellungen. Dabei handelt es sich keineswegs um eine deutsche Besonderheit; derartige Konzepte stammen vornehmlich aus Skandinavien, wo in Freilichtmuseen wie dem Stockholmer Skansen, in Århus oder in Oslo nicht nur bäuerliche Bauten, sondern auch städtische Häuser des Mittelalters, der Renaissance und des Barock versammelt wurden, und heute sogar Mietskasernen und Fertighäuser wieder aufgebaut werden.

Die Gerichtslaube

Auffällig unter diesen Rekonstruktionen ist besonders die leicht turmartig in den Raum der Poststraße vorstoßende »Gerichtslaube«. Sie erinnert mit weiten gotischen Arkaden im Erdgeschoss, den kleinen Fenstern im Obergeschoss und dem reich geschwungenen Renaissance-Giebel an die mittelalterliche Gerichtslaube des alten Berliner Rathauses. Das nur etwa 10 mal 10 Meter große Gebäude aus der Zeit um 1270 war Symbol der Berliner Rechtsautonomie und galt lange als eines der ältesten erhaltenen städtischen Gebäude Deutschlands. Vielfach umgebaut und zuletzt in ihrer barocken Gestalt schwer vernachlässigt, wurde die Gerichtslaube 1871 gegen heftige Proteste für den Bau des neuen Roten Rathauses abgerissen. Ausgerechnet Kaiser Wilhelm I., Nachfahr jener Hohenzollernfürsten, die Berlin im 15. Jahrhundert die Freiheit nahmen, ließ sich die historisch so bedeutsamen Lauben-Reste von der Stadt Berlin schenken und im Schlosspark von Babelsberg als neugotischen Pavillon aus Sichtziegeln wieder zusammenfügen. Die Erinnerung an den originalen Bau und seine Bedeutung verschwand aber nicht: Ludwig Hoffmann arrangierte

Die Gerichtslaube ist eine Kopie des 1871 für den Bau des Roten Rathauses abgerissenen Originals.

Der dazugehörige Sommergarten ist mit den Jahren zu einem touristischen Anziehungspunkt avanciert.

1908 im Erdgeschoss des Märkischen Museums eine Kopie der alten gotischen Halle – bis heute ist dieser Raum gut erhalten. Günter Stahn ließ im Nikolaiviertel eine Kopie des Gebäudes in seiner Gestalt von 1720 errichten, inklusive eines Kaaks, also einer Statue des Spotts, die traditionell über dem Pranger, dem Ausdruck der niederen Gerichtsbarkeit, montiert wurde. Mehr als eine schmückende Reminiszenz an die lange zuvor verloren gegangene städtische Autonomie sollte diese Gerichtslaube allerdings nicht sein. In ihrer Halle entstand ein Restaurant, neben dem bis heute ein baumbestandener Sommergarten zum Ausruhen einlädt.

Das Gasthaus Zum Nussbaum

Eine der Gerichtslaube vergleichbare Rekonstruktion ist das Gasthaus Zum Nussbaum. Es entstand 1987 an der Stelle der alten Propstei von St. Nikolai nördlich der Kirche. Der etwas schiefwinklige Giebelbau erinnert an jenes legendäre, gleichnamige Etablissement in der Fischergasse 21 im Fischerkiez

Namensgeber für Gasthaus und Gasse Am Nussbaum ist die Amerikanische Schwarznuss vor dem Gebäude.

auf der Cöllner Spreeseite, das seit seiner Erbauung 1596 und über dem wohl vollständigen Neubau um 1705 bis zu seiner Zerstörung 1943 der Überlieferung nach durchgehend als Gasthaus diente. Vor allem in der späten Kaiserzeit und in der Weimarer Republik war der sozial und baulich vernachlässigte Fischerkiez besonders unter Künstlern und Bohèmians populär; das Restaurant – eher eine Kneipe – erfreute sich großer Beliebtheit. So verkehrten hier unter anderem die Sängerin Claire Waldoff, der als »Arbeitermaler« berühmt gewordene Otto Nagel und der Maler, Zeichner und Fotograf Heinrich Zille. Heute ist der einstige Fischerkiez geprägt durch vier Wohnhochhäuser, die nach der rabiaten Abräumung dieses letzten, durchaus sanierungsfähigen Restes von Alt-Berlin 1968 entstanden. Begleitet wurde diese Zerstörung von ersten, in der DDR ungewöhnlichen Protesten. Die Rekonstruktion des Hauses Zum Nussbaum sollte also nicht nur romantisches Sentiment in das Nikolaiviertel bringen und an dessen bis um 1800 ähnlich aussehende Bebauung erinnern, sondern auch die knapp zwei Jahrzehnte

Vom Spreeufer entlang der Propststraße ergibt sich ein harmonisches Ensemble: die Georg-Statue aus dem Hof des Schlosses, Neubauten im Stile mittelalterlicher Hansestädte und die rekonstruierte Nikolaikirche.

vorher geschlagene Wunde heilen. Benannt ist das Haus übrigens nach einem Nussbaum, den Stammgäste um 1800 einer Wirtin verehrten. An ihn erinnert die ebenfalls 1987 gepflanzte, langsam heranwachsende amerikanische Schwarznuss vor dem Haus.

Die Neubauten

Der wohl bedeutendste Beitrag des Nikolaiviertels zur Architekturgeschichte der DDR sind aber nicht die Restaurierungen und Rekonstruktionen, sondern die von Günter Stahn und seinen Kollegen eigens für diesen Wiederaufbau entworfenen Häuser, für die Stahlskelettkonstruktionen mit vorgefertigten Betonteilen benutzt wurden. Radikal unterscheiden sie sich von der Standardware, wie sie zur gleichen Zeit zehntausendfach in den Berliner Vororten Marzahn, Hohenschönhausen und in vielen Städten der DDR aufgestapelt wurde. Stahn versuchte, das als ökonomisch angesehene System der weitgehenden Vorfertigung von Bauteilen aus Stahlbeton, das eine gewisse Stan-

Die mit ihren Staffelgiebeln hanseatisch anmutenden Neubauten gehören zu einem der Sondertypen der Plattenbauten, die von Stahn und seinen Kollegen entwickelt wurden.

dardisierung erzwingt, mit einer möglichst individuellen städtebaulichen und architektonischen Komposition zu verbinden. Im Wesentlichen wurden dafür zwei Sondertypen entwickelt, neben denen die Normalbauten nicht weiter ins Gewicht fallen. Erstens das giebelständige Haus, in dem Staffelgiebel und steile Dächer an architektonische Vorbilder aus den mittelalterlichen Hansestädten erinnern. Vergleichbare Bauten findet man in den Altstädten etwa von Stralsund, Greifswald und – besonders geglückt – in Rostock, um die noch vorhandenen, aber durch Krieg und Verfall in der Nachkriegszeit lückenhaft gewordenen Ensemble historischer Bauten zu schließen. Im Nikolaiviertel hingegen wurden sie als ästhetische Markierungspunkte eingesetzt, die den speziellen Charakter des Viertels schon von weitem sichtbar werden lassen sollten. Deswegen wurden sie an der Ecke zur Spandauer Straße und zum Molkenmarkt hin platziert, und an der Spree bilden sie am Ende der Propststraße eine Art Torsituation wie in einem mittelalterlichen Hafen. Der zweite, an der Poststraße und vor allem entlang der Rathausstraße einge-

Flachdach und Arkadengänge sind die Merkmale des zweiten Plattenbau-Sondertyps an der Rathausstraße.

setzte Sondertyp hat Walm- oder Flachdächer. Die auffälligen Arkadenreihen aus Betonfertigteilen wurden mit allen drei typisierten Oberbauten verbunden. Solche Wandelgänge kennt man sonst eher aus südlichen Städten oder Gründungen der deutschen Ostwanderung wie in Breslau. Zur Individualisierung der Wirkung entstanden zwei unterschiedlich weit gespannte Bogentypen, der eine breiter und repräsentativer, vor allem für die Häuser an der Rathaus- und an der Spandauer Straße, der andere schmaler, intimer an der neuen Propststraße. Vor die Fassade gehängte Schmuckbalken rhythmisieren die Häuser an der Rathausstraße, ästhetisch zusammengefasst werden sie durch die mit starkem Relief versehenen Fertigteile vor den Wohnungen. Deren senkrecht verlaufende Rillen sind allerdings nicht nur dekorativ gemeint, sie sollen auch für einen besseren Abfluss von Regenschlagwasser sorgen. Die 800 Wohnungen in diesen Neubauten entsprachen überwiegend den Standards des DDR-Wohnungsbaus, hatten meist zwei bis drei Zimmer, Einbauküchen und Balkone. Eine Ausnahme machen die zum

An der Post- / Ecke Rathausstraße prankt als Fortsetzung der »Steinernen Chronik« am Roten Rathaus der Fries, der den Weg der sozialistischen Bewegung zeigt.

Marx-Engels-Forum gelegenen Wohnungen, die mit 2,80 Meter Raumhöhe besonders repräsentativ angelegt sind. Sie prägen gemeinsam mit den Arkadengängen besonders das zur alten Innenstadt gerichtete Gesicht des Nikolaiviertels, schließen das Quartier damit trotz seiner generellen Kleinteiligkeit an die städtebauliche Großform des neuen Zentrums an, wie es sich die DDR in den sechziger und siebziger Jahren zwischen Fernsehturm und Spree errichtet hatte. Auf den ersten Blick überrascht die Arkaden-Idee der Architekten. Doch einmal ganz abgesehen davon, dass der im Süden vorherrschende Wunsch nach Schutz vor der Sonne in nördlichen Breiten mit dem nach Schutz vor Regen zusammenfällt, gibt es auch eine spezielle, eng mit dem Nikolaiviertel verbundene Berliner Arkadengang-Tradition: Bis zum Abbruch des alten Mühlendamms 1887 war dieser auf beiden Seiten der Straße von Geschäftshäusern mit hohen Wandelhallen gesäumt, die nach Plänen Johann Arnold Nerings – einer der bedeutendsten Barock-Architekten Preußens – zwischen 1683 und 1709 errichtet worden waren. Wie die hier entstandenen Neubauten von Stahn waren auch Nerings Häuser bereits Typenbauten, fassten die belebte Straße dicht ein und gaben den Fußgängern Schutz vor dem Verkehr und vor dem Regen. Manche Details gerade dieser Plattenbauten stammen unverkennbar aus dem Formenschatz der internationalen Postmoderne, der um 1980 Furore machte: die gleich englischen Bay-Windows vorspringenden und mit Sandstein eingefassten dreiseitigen, erkerartigen Ausbuchten in den Arkadengängen, die Sandsteinrahmungen von Fenstern und Türen, vor allem aber die halbrund auskragenden, mit Kupfer verkleideten Kanzeln an der Post- und an der Rathausstraße, die zu einem Restaurant gehören. Nicht zufällig wird diese ursprünglich als »Schwalbennest« bezeichnete Anlage auch als »Rats-« oder »Magistratsbusen« bezeichnet – ein architektonischer Humor, wie man ihn sonst eher im Kalifornien oder England der späten 70er und frühen 80er Jahre vermutet.

Charakteristisch für den ungebrochenen Glauben der DDR-Staatsführung und ihrer Eliten an die erzieherische Wirkung der Kunst war die Idee, an der Rathausstraße und an der Poststraße einen langen, nur durch das Lesser & Hardt-Haus unterbrochenen Relieffries anzubringen, der den Weg der sozialistischen Bewegung feiert, beginnend beim Widerstand Rosa Luxemburgs und Karl Liebknechts gegen die Kredite für den 1. Weltkrieg, den Widerstand der Kommunisten in der Nazizeit, die Gründung der DDR 1949 und den Wiederaufbau der Innenstädte, den Aufbau von Marzahn und die III. Weltfestspiele der Jugend. Der bereits erwähnte Bildhauer Gerhard Thieme schuf dieses ganz den Regeln des Sozialistischen Realismus folgende Werk als Fortsetzung jenes als »Steinerne Chronik« bezeichneten Terrakottafrieses, der am Roten Rathaus an die frühere Geschichte Berlins bis zur Reichsgründung 1871 erinnert.

Die so genannten »Schwalbennester« sind wohl das auffälligste architektonische Element des Nikolaiviertels an der Rathausstraße.

An den kleinteiligen Fassaden am Nikolaikirchplatz wurden Gewerkschilder als Reminiszenz an die Nutzung in der Vorkriegszeit angebracht.

Das Nikolaiviertel in seiner Zeit

Hin zur Rathausbrücke grüßt von der Wand eines der Plattenbauten bis heute eine bronzene Inschrift mit der Friedenstaube: »Berlin, Stadt des Friedens«. Sie zeigt, so wie der Relieffries oder die Inszenierung von städtischer Idylle, dass das Nikolaiviertel nicht nur ein rein künstlerischer und funktionaler Versuch war, ein Innenstadtquartier wieder aufzubauen, sondern auch eine kaum verborgene politische Bedeutung hatte. Die DDR reagierte mit diesem Projekt auch auf das demonstrative historische Selbstbewusstsein, wie es etwa im benachbarten »Bruderland« Polen herrschte, und auf die neuesten städtebaulichen Ideen, die in West-Europa und besonders in der Bundesrepublik debattiert wurden.

Bereits in den 50er Jahren war der Aufbau der Warschauer Altstadt nach vergleichbaren Ideen vorangetrieben worden. Dort allerdings entstanden die neuen Häuser direkt auf den Ruinen der historischen Häuser. Nach außen zeigten sie sich ungefähr in der Gestalt des 17. Jahrhunderts, innen

Hinter den Arkadengängen an der Poststraße befinden sich Läden und gastronomische Einrichtungen, die auch den Nikolaikirchplatz nutzen.

aber wurden sie modern gegliedert. 1980 wurde die Warschauer Altstadt ausdrücklich als Denkmal des 20. Jahrhunderts in die Liste des UNESCO-Welterbes aufgenommen. Damit signalisierte die Welterbekommission, dass nicht nur Restaurierungen, sondern auch Rekonstruktionen als kulturelle Leistung gelten können. Stärker noch hat für Stahn und seine Kollegen offenbar das Vorbild Danzigs gewirkt, wo bei vielen Rekonstruktionsprojekten so ähnlich wie beim Ephraim-Palais vor einen an sich modernen Neubau die historischen Fassaden gestellt wurden. Und wie in Stahns Planungen wurde in Danzig nicht der Vorkriegszustand wiederhergestellt, sondern ein Idealbild aus dem 18. Jahrhundert konstruiert. Gerade in einer Zeit, in der Polen als unzuverlässiger Partner im sozialistischen Lager galt, waren diese Projekte ein Ansporn für die DDR, das Vorbild zu übertreffen. Die nicht unerheblichen Mehrkosten für den Bau von Spezialanfertigungen ließen sich damit sogar politisch rechtfertigen.

Das Nikolaiviertel stand aber auch in einer internationalen Entwicklung, in deren Zug die historischen Altstädte als neuer Lebensraum wiederentdeckt wurden. Verstärkt wurde dieser Prozess vor allem seit dem Europäischen Denkmalschutzjahr 1975. Er führte dazu, dass auch in West-Deutschland die Idee der städtebaulichen und formalen Rekonstruktion alter Straßenzüge und Plätze immer mehr Anhänger gewann. In Frankfurt/Main, jener Stadt, die nach dem 2. Weltkrieg mit ungebremstem Modernismus und Hochhausvierteln Aufmerksamkeit erregt hatte, wurde der Römerberg wieder mit Häusern bebaut, die zwar technisch modern waren, aber historisierende Fachwerkfassaden erhielten.

Das Nikolaiviertel spiegelt auch diese zunächst eher sentimentale Besinnung auf vergangene, scheinbar idyllischere Zeiten wider. Spätestens mit den Auswirkungen der Wirtschaftskrise Ende der 70er Jahre wurde jedoch deutlich, dass Altstädte auch ein ökonomischer Wert sind, dass sie den Platz sinnvoller nutzen als die weit gestreuten Quartiere der Nachkriegszeit und die in den Altbauten verbauten Materialien unersetzbare Ressourcen sind. In der industriell geprägten Baupolitik der DDR wurde diese Erkenntnis allerdings nur in Ausnahmefällen wirksam. Doch begann man etwa in Greifswald, Rostock oder Stralsund, aber auch in kleineren Städten wie Bernau, den alten Stadtgrundriss wenigstens nicht mehr brutal zu überbauen, sondern stattdessen die Systeme der Plattenbauindustrie an historisch gewachsene Gegebenheiten anzupassen. Auch das Nikolaiviertel war Ausdruck dieser Rückbesinnung auf überlieferte städtebauliche Qualitäten und demonstrierte, dass man bereits verloren geglaubte Viertel mit einer Kombination aus originalen Bauten, rekonstruierten Fassaden und städtebaulich angepassten Neubauten wieder zum Leben erwecken kann.

Schließlich muss zu Beginn der 80er Jahre die für 1987 angekündigte West-Berliner Internationale Bauausstellung IBA als Motor der Entscheidungen für das Nikolaiviertel gesehen werden. Denn die IBA 1987 erregte dadurch weltweites Aufsehen, dass sie die historisch dicht bebauten, im

Eine nie fertiggestellte Achse: Die Gasse Am Nussbaum sollte durch eine Passage im Roten Rathaus direkt zum Alexanderplatz weiterführen.

Krieg aber schwer zerstörten und seitdem oft brach liegenden Straßenblöcke der südlichen Friedrichstadt und in Schöneberg zurückgewann. Stadt, und zwar die kompakte, hoch verdichtete Stadt, wurde zu einem neuen städtebaulichen Modell, »kritische Stadtrekonstruktion« ein viel zitierter Begriff. Doch in West-Berlin fehlte der historische Kern der Stadt. Der war nur in Ost-Berlin wiederherzustellen, was der Senat mit der Übergabe der Fassadenteile des Ephraim-Palais oder der Kriegerfiguren von Schinkels Schlossbrücke auch ausdrücklich anerkannte. Dabei war West-Berlin seit dem Ausbruch des Kalten Krieges 1948 immer auch das Schaufenster neuester städtebaulicher und architektonischer Entwicklungen des westlichen Lagers, und für die Machthaber der SED auf der anderen Seite der Mauer der beständige Maßstab, an dem die eigene Politik und die Erfolge der DDR gemessen wurde. Auch das Projekt Nikolaiviertel von Günter Stahn und seinen Kollegen war ein Versuch einer »kritischen Stadtrekonstruktion«, bei dem das alte Viertel nicht einfach wieder aufgebaut wurde, sondern als neues Quartier entstand, das zugleich die Erinnerung an frühere Geschichte aufhob. So wie der Fernsehturm den Anspruch der DDR markierte, technologisch führend zu sein und der Palast der Republik die Diktatur der SED als Volksdemokratie verschleierte, demonstrierte das Nikolaiviertel, dass der Sozialismus die Erfüllung einer lange zurückreichenden Überlieferung sei. Seine an die Geschichte angelehnte Gestaltung durch Günter Stahn und seine Kollegen war aus der Sicht der DDR-Politiker also kein Bruch mit dem Anspruch, der modernere deutsche Staat zu sein, sondern dessen Bestätigung.

Zur 750-Jahr-Feier Berlins wurde das Nikolaiviertel 1987 eingeweiht – damals stand noch der Palast der Republik direkt gegenüber.

Im Vordergrund die aus den 20er Jahren rekonstruierten Bauten, dahinter die Plattenbauten mit ihren auffälligen Fassadenrillen.

Die Planungen für Berlin Mitte – Ein Ausblick

Die Berliner Altstadt war sehr viel größer als das heutige Nikolaiviertel. Doch auf ihrem historischen Areal erstrecken sich heute im Wesentlichen Grün- und Platzanlagen zwischen dem Fernsehturm, dem Roten Rathaus und dem Marx-Engels-Denkmal.

Nicht zuletzt durch die Bestimmungen des Einigungsvertrages zwischen der DDR und der Bundesrepublik sind diese Gelände bisher von jeder Bebauung frei gehalten worden, denn er schützt Grundstücke mit öffentlicher Nutzung wie Parkanlagen vor der Rückgabe an Alteigentümer.

Dennoch gibt es immer wieder Pläne, diese Flächen in jenes dicht bebaute Stadtviertel zu verwandeln, das sie einst bildeten. So sollen am einstigen Molkenmarkt vor dem Stadthaus Ludwig Hoffmanns die überbreiten Schneisen der Grunerstraße verschmälert werden und Town-Häuser entstehen, und auch eine Bebauung der Umgebung des Marx-Engels-Denkmals wird debattiert.

Rund um die Nikolaikirche: Die Muse der Geschichtsschreibung und der Bär auf dem Gründungsbrunnen vor dem Kirchenportal.

Günter Stahns Nikolaiviertel, das in der aktuellen Planung bisher ungerecht kaum als spezielle Schöpfung der DDR-Architektur gesehen wird, würde so endlich von seinem fast musealen Sonderstatus befreit und zu einem ganz normalen Berliner Kiez werden.

INFORMATIONEN
RUND UM DAS NIKOLAIVIERTEL

Ephraim-Palais
Poststraße 16, 10178 Berlin
Tel. 030–24002–0
Montag geschlossen
Di   10–18 Uhr
Mi   12–20 Uhr
Do-So   10–18 Uhr

Nikolaikirche
Nikolaikirchplatz, 10178 Berlin
Tel. 030–24002182

Knoblauchhaus
Poststraße 23, 10178 Berlin
Tel. 030–24002171
Montag geschlossen
Di   10–18 Uhr
Mi   12–20 Uhr
Do-So   10–18 Uhr
www.stadtmuseum.de

Zille-Museum
Propststraße 11, 10178 Berlin
Tel. 030–24632–500
täglich: 11.00–18.00 Uhr
11.00–19.00 Uhr (vom 1.4.–31.10.)
www.zillemuseum-berlin.de

ARCHITEKT

Günter Stahn, der Hauptarchitekt des Nikolaiviertels, ist einer der bedeutendsten Architekten vor
allem der späten Jahre der DDR gewesen. 1939 in
Magdeburg geboren, machte er erst eine Maurer-
lehre, studierte dann an der Ingenieurschule für
Bauwesen und schloss 1958 mit dem Diplom ab.
1962 bis 1967 studierte er Architektur an der
Technischen Universität Dresden. Seit 1967 arbeitete er im Magdeburger Büro für Städtebau, 1968
wurde er nach Berlin an die Deutsche Akademie
für Bauwesen berufen, promovierte dort 1971
über die Neuplanung von Großstadtzentren.
Stahn plante mit am Wiederaufbau oder der Um-
gestaltung etwa der Innenstädte von Rostock,
Plauen, Erfurt, Halle und Schwerin. 1972 wech-
selte er an die von Gerhardt Gißke geleitete spä-
tere Baudirektion Berlin, der die meisten Großpro-

jekte in der »Hauptstadt der DDR« unterstanden.
Seit 1975 arbeitete Stahn dabei am Wiederaufbau des Berliner Domes, entwarf unter anderem
dessen neue Kuppel mit der goldstrahlenden Kup-
pellaterne und den Pionierpalast in der Wuhl-
heide. Hierfür erhielt Stahn den DDR-National-
preis für Wissenschaft und Technik. Nach
Vollendung des Nikolaiviertels wurde Stahn 1987
zum Direktor des Büros für Städtebau berufen,
nach der Wende eröffnete er 1991 ein Büro als frei-
schaffender Architekt, schuf unter anderem Wohn-
bauten am Spittelmarkt und an der Wallstraße.
Stahn lebt und arbeitet in der Nähe von Berlin.

WBM
WOHNUNGSBAUGESELLSCHAFT MITTE

Die WBM Wohnungsbaugesellschaft Berlin-Mitte
mbH ist eine landeseigene Wohnungsbaugesellschaft.
Der Wohnungsbestand konzentriert sich auf den
innerstädtischen Kern in Berlins Mitte. Die WBM
gestaltet seit Jahrzehnten die Quartiere durch ein
gezieltes Portfoliomanagement und schafft at-
traktiven Wohnraum. Zurzeit verwaltet das Unter-
nehmen über 35000 Wohnungen in Eigen- und
Fremdbeständen. Darüber hinaus bietet die Wohnungsbaugesellschaft rund 1700 Gewerbeflächen
sowohl im Kiez als auch in Top-Lagen im Zentrum
Berlins an. Die Tochtergesellschaft, IHZ GmbH, ist
für die Verwaltung von Wohneigentum und
Fremdverwaltung erfolgreich tätig.

Kontakt
Steffi Pianka, Pressesprecherin, WBM Gruppe,
Dircksenstraße 38, 10178 Berlin
Tel. 030–2471–4168, Fax 030–2471–4160
E-Mail: Steffi.Pianka@wbm.de
www.wbm.de

Vermietungscenter
Jüdenstraße 50, 10178 Berlin

Öffnungszeiten
Montag und Mittwoch   10–17 Uhr
Dienstag   10–18 Uhr
Donnerstag   9–17 Uhr

Vermietungshotline
Tel. 030–24715700

Die Neuen Architekturführer
Sammelband Nr. 10
Nikolaiviertel Berlin
Erste Auflage 2009
Stadtwandel Verlag Daniel Fuhrhop
Berlin

Fotos:
S. 6/7: www.aac-berlin.de (all air charter)
S. 12: akg-images
S. 13: Landesarchiv Berlin
S. 25, 27: Stiftung Stadtmuseum
Berlin (Fotograf: Peter Straube)
Alle anderen Fotos: Florian Bolk
Text: Nikolaus Bernau
Lektorat: Cornelia Dörries
Koordination: Astrid Kaspar, Nadine Seiffert
Pläne: S. 2 Nadine Seiffert
S. 16/17 Astrid Kaspar nach Originalen
Grafik-Konzept: Dorén + Köster, Berlin
Satz/Lithos: LVD GmbH, Berlin
Druck: Ruksaldruck, Berlin

Stadtwandel Verlag

Solmsstraße 22, 10961 Berlin
tel/fax: 030-695 048-12/-13
info@stadtwandel.de
www.stadtwandel.de
VN: 10432

ISBN 978-3-86711-069-3

Preis: 5 Euro

Weiterführende Literatur
Benedikt Goebel, Der Umbau Berlins zum
modernen Stadtzentrum, Schriftenreihe des
Landesarchivs Berlin, Bd. 6, Berlin 2003

Günter Stahn, Berlin. Das Nikolaiviertel.
Ein städtebaulicher Wegweiser, Berlin 2003

Bernd Müller, Das Nikolaiviertel und die
Kinder vom Nikolaikirchplatz, Eigenverlag
Florian Urban, Berlin / DDR Neo-Historisch.
Geschichte aus Fertigteilen, Berlin 2007.

Holger Barth, Thomas Topfstedt u.a., vom
Baukünstler zum Komplexprojektanten.
Architekten in der DDR. RegioDoc Nr. 3,
Erkner b. Berlin, 2000

Danksagung des Autors
Zu danken ist Steffi Pianka von der Wohnungsbaugesellschaft Mitte und Jens Schulz für die
freundliche Hilfe.

Dies Buch ist der Erinnerung an
Robert Hagen (23. Dezember 1963 Wiscon-
sin – 10. August 2007, Südafrika) gewidmet,
dem unermüdlichen Berliner aus Amerika,
dem keine Straße und keine Geschichte zu
klein war, um sie nicht zu erforschen.